LA RÉPUBLIQUE D'HAITI

OU

Réfutation de la brochure, intitulée " Mémoire pour être communiqué aux Gouvernements des Puissances Etrangères sur l'état de cette République "

PORT-AU-PRINCE
1889

LA RÉPUBLIQUE D'HAITI

OU

Réfutation de la brochure, intitulée " Mémoire pour être communiqué aux Gouvernements des Puissances Etrangères sur l'état de cette République "

PORT-AU-PRINCE
1889

LA RÉPUBLIQUE D'HAÏTI.

Le parti séparatiste du Nord a fait publier un mémoire « pour être communiqué aux Gouvernements des Puissances étrangères sur l'état de la République d'Haïti et des forces tant morales que matérielles dont disposent les parties contendantes »

Les directeurs de ce parti ayant la conscience du mal qu'ils font au pays, pour avoir commencé une guerre civile sans raison, sentent aujourd'hui le besoin d'en rejeter sur d'autres la lourde responsabilité. Afin de mieux réussir à égarer les esprits, ils en appellent à l'histoire, à la géographie, à la statistique : leur devoir, dit leur écrivain, étant d'éclairer les gouvernements étrangers sur l'état vrai des choses, dans la crainte qu'ils ne soient induits en erreur.

Ce système de défense est habile. Pour être précis on résume les faits de manière à conclure sommairement, qu'étant la majorité, le Nord a pour le moins des droits égaux aux nôtres à l'attention de ces gouvernements.

Nous allons, en quelques mots, faire écrouler leur échaffaudage d'érudition et prouver à tous que nos ennemis respectent peu l'histoire, la géographie et la statistique.

Interrogeons d'abord les deux dernières ; examinons ensuite, sans parti-pris, les faits accomplis, afin que, nous appuyant sur la morale de l'histoire, nous puissions conclure alors avec plus d'autorité que le mémoire du Nord est mensonger, puisqu'il repose sur des données fausses et fantaisistes.

Il est inexact que les trois départements du Nord, du Nord-Ouest et de l'Artibonite forment superficiellement les trois cinquièmes de la République ; il suffit de jeter les yeux sur la carte d'Haïti pour s'en convaincre et faire tomber du coup cette absurde assertion. En effet, de la ligne de Williamson à Lascahobas, — qui limite, au Nord, le département de l'Ouest, — aux arrondissements de Tiburon, des Coteaux et des Cayes, —extrême Sud,— la partie Ouest d'Haïti occupe une étendue sinon plus grande du moins égale à celle des trois autres départements réunis dont le territoire, en partie---vaste solitude---se compose de savanes, de forêts et de mornes arides. L'importance économique qu'en tire cependant la ville du Cap, lui vient non de ce qu'on y travaille beaucoup plus et mieux qu'ailleurs, mais de ce que cette ville à elle seule absorbe toute la production du Nord dont elle est l'unique débouché.

En second lieu, l'arrondissement de Jacmel dont on avait voulu faire une dépendance politique du Nord, ne s'est jamais détaché du département de l'Ouest. Au contraire, cette population, en octobre dernier, s'est portée comme un seul homme contre la ville dite de Jacmel, alors tombée par surprise au pouvoir de la faction Chicoye-Mérisier.— Grâce à ce concours unanime, cette ville qui a la réputation d'une place forte, par rapport à ses moyens de défense, cette ville, n'a pas tardé à rentrer dans son giron départemental. Le 1er novembre, l'ennemi capitula et l'armée du Gouvernement entra dans Jacmel sans effusion de sang.

Les réactionnaires du Cap, pour avoir réussi à entraîner dans leur folle et criminelle entreprise les populations des villes de Port-de-Paix et des Gonaïves et avoir plus tard surpris la ville de Saint-Marc, alors sans défense, se considèrent comme étant effectivement la majorité. La partie de l'Est du Pays, qui occupe les deux tiers du territoire de l'île, n'a jamais manifesté, à notre égard, pareille prétention. Si le Nord, le Nord-Ouest et l'Artibonite sont trois départements, ils offrent en réalité moins de ressources que l'Ouest et le Sud en richesses et en population. Ces deux derniers départements, par le développement de leur littoral, le nombre de leurs ports ouverts au commerce, la variété de leurs produits, ont réellement plus d'avantages économiques. La statistique suivante peut l'attester d'une manière positive :

DOUANE.

Exercice 1885-1886.

	Total des droits perçus.	Valeur des produits.
Quotité des trois départements du Nord, du Nord-Ouest et de l'Artibonite.	— 1.977.329,40	4.693.727,34
Quotité des deux départements de l'Ouest et du Sud.	— 3.114.082,49	7.827.524,75
	5.091.411,89	12.522.125,09

Exercice 1886-1887.

Quotité des trois départements du Nord, du Nord-Ouest et de l'Artibonite.	— 1.982.118,99	5.463.721,20
Quotité des deux départements de l'Ouest et du Sud.	— 3.231.126,38	9.204.662,17
	5.213.245,37	14.668.383,37

Exercice 1887-1888.

Trois trimestres.

Quotité des trois départements du Nord, du Nord-Ouest et de l'Artibonite.	— 2.408.003,79	5.876.347,04
Quotité des deux départements de l'Ouest et du Sud.	4.143.849,84	11.567.763,22
	6.551.853,63	17.444.110,26

POPULATION.—d'après le recensement qui jusqu'à présent fait le plus autorité, celui publié par le bulletin religieux en Janvier 1887.

Archidiocèse de Port-au-Prince	385.500	
Diocèse des Cayes	256.500	
	————	642.000
Diocèse du Cap	216.500	
— des Gonaives	125.500	
— du Port-de-Paix, formant tout le département du Nord-Ouest	34.600	
	————	376.600
		————
		1.018.600

La partie dissidente n'a donc que le tiers de la population totale fixée à 1 million dix-huit mille six cents âmes, et ne produit que la moitié à peine en valeur commerciale.

En examinant les différents points que nous venons de réfuter d'une manière victorieuse, nous voyons clairement que l'insurrection du Nord se justifie bien plutôt par la tendance toujours manifestée par certains esprits étroits à constituer cette partie en Etat indépendant ou à exercer, en s'emparant du pouvoir, leur prépondérance sur tout le reste du pays, et cela, à la faveur des divisions intestines et au moyen de la corruption ou de l'intimidation.

Historique.

Les malheurs d'Haïti proviennent non pas précisément, comme le pensent nos adversaires, des luttes intestines provoquées par l'ambition et la tyrannie, l'injustice ou l'indignation. Ces luttes ne sont que l'effet d'une cause qu'on n'a pas su dégager d'une infinité de faits encombrant l'histoire du pays : alors les ambitieux et les tyrans en profitent pour se livrer à cœur joie aux élucubrations les plus déréglées.

Les bouleversements politiques d'Haïti sont la conséquence d'un manque de stabilité dans notre société et de l'action compliquée de la mauvaise foi sur l'ignorance, comme en témoignent actuellement les circonstances qui concourent à entretenir la guerre civile.

Que s'est-il passé dans le pays du 5 Août au 16 Octobre 1888 ?

Le Gouvernement de Monsieur Salomon était généralement délaissé et complètement tombé dans l'opinion ; il fallait une simple poussée pour l'abattre.

Alors, un citoyen des plus honorables de Port-au-Prince, le général Boisrond-Canal, ex-Président de la République, fit, d'après la déclaration de l'auteur même du mémoire, pressentir les dispositions du général Séide Thélémaque et réclama en même temps sa participation à une prise d'armes. Le commandant de l'arrondissement du Cap prit aussitôt l'engagement de se soulever, de proclamer la révolution ; mais il voulut toutefois s'assurer si, la révolution triomphant, le général Boisrond-Canal soutiendrait sa candidature à la présidence de la République.

Inutile de dire que la dernière condition ne fut pas admise et que l'homme de 1870 la repoussa au nom des principes : l'urne électorale pouvait seule en décider.

Le général Séide Thélémaque, déjà lancé, ne s'arrêta pas dans cette entreprise. Il prit effectivement les armes le 5 août dans la ville du Cap-Haïtien.

Dès son entrée en campagne, ses forces furent repoussées et ne purent reprendre haleine que le jour où une délégation, envoyée de la capitale, est allée leur apporter la nouvelle de la chute de Salomon survenue le 10 août par suite de la prise d'armes opérée ce jour à Port-au-Prince. C'est à cette circonstance que les troupes du Nord ont dû leur succès.

Tout était donc dit; la Révolution était faite.

Il fallait seulement pour rétablir les pouvoirs publics, les dispositions préparatoires étant prises, que l'on fît appel aux populations pour qu'elles élussent librement leurs mandataires.

Mais le général Séide Thélémaque ne comprit pas que son rôle s'arrêtait-là. Marchant à la tête de ses troupes, il stationna aux Gonaïves et à Saint-Marc pour y placer des agents qui reçurent son mot d'ordre.

Il ne se pressa pas d'arriver à la capitale. Profitant de sa situation comme chef d'une armée révolutionnaire, il osa partout faire des levées d'hommes à qui l'on promit beaucoup.

Après les avoir échelonnés par division sur toute la route, le général Séide Thélémaque se décida enfin à marcher sur Port au-Prince avec un corps de 10.000 hommes environ, composé en partie de vieillards de 70 ans, de paysans arrachés à leurs chaumières et dont la plupart, armés de *coco-macaques* ou de simples *manchettes* de travail, étaient sans souliers, sans chapeau.

Les régiments et gardes nationales de Mirebalais, de Lascahobas et de Grands-Bois, dépendant du département de l'Ouest, avaient aussi ordre de rejoindre le général Séide Thélémaque à la capitale, à une date déterminée.

Or, Salomon parti, on se demande en vertu de quelle loi et sous l'empire de quelle nécessité le Nord faisait marcher tant de gens à la fois.

Pour l'esprit le moins clairvoyant, il est certain que le chef de l'armée du Nord n'avait autre souci que celui de s'imposer comme président à la République ou de pouvoir, en cas d'insuccès, retourner à St-Marc pour y proclamer la scission.

L'intention du général Séide se manifestait clairement dans sa déclaration, lorsque s'adressant pour la première fois aux populations, il leur dit : « Nul n'a donc plus de droit que moi de prétendre à la première magistrature de l'Etat (Déclaration du général Séide du 5 août 1888.

Jamais avant lui, chef de révolution, alors même qu'il se donnât le titre de *chef d'exécution de la volonté populaire*, ne s'était cru autorisé à poser plus maladroitement sa candidature.

L'arrivée du général Légitime à Port-au-Prince, le 15 août, ovation qui lui a été faite, avaient troublé, aux Gonaives et ail leurs, le sommeil aux partisans du général Séide Thélémaque.(1)

Cependant ces deux hommes qui paraissaient le plus en vue pour la présidence de la République, l'un par rapport à ses idées, l'autre à cause de ses prétentions, se sont rencontrés pacifiquement, et le lendemain ils étaient appelés tous les deux, par les comités du Nord, de l'Artibonite et de Port-au-Prince à faire partie du gouvernement provisoire : le général Séide passa au Département de la Guerre et le général Légitime à celui des Relations Extérieures.

A partir de ce moment, les agioteurs commencèrent leur jeu par de ténébreuses combinaisons. On en fit tant qu'à la fin la situation devenait difficile, critique même pour les deux candidats.

Les nouvelles arrivées par le courrier du 27 septembre firent connaître le résultat des élections dans le Sud, dans l'Ouest, dans l'Artibonite et dans plusieurs localités du Nord. Alors on vo-

---

(1) « Dans l'espace des cinq jours que nous avons faits dehors, on a eu le temps de nommer un comité, de le dissoudre et d'envoyer chercher Légitime qui, hier, entre les 3 et 4 heures de l'après-midi, est arrivé à Port-au-Prince. Je regrette d'être arrivé trop tard pour assister à l'ovation qu'on lui a faite. Il s'est trouvé sur le wharf tant de monde que l'exilé d'hier a failli être étouffé..................

« Du port, une procession de plus de 5,000 personnes suivant la voiture du candidat a parcouru une grande partie de la ville jusqu'au Palais et, de là, à la maison du sénateur.....................

« Je ne pense pas que Légitime pourrait avoir l'idée d'un coup de main, cela répugnerait à son caractère.

. . . .

« Encore une fois, je vous conseille de vous presser. Arrivez avec les idées émises dans votre déclaration, idées fort prisées ici, mais arrivez vite, afin de vous faire voir et d'enrayer par votre présence le mouvement que les esprits tendent à suivre. Votre présence est d'une grande utilité, elle vous gagnera beaucoup d'individus qui s'attachent à Légitime parce qu'il est seul ici. (Lettre de C. F. Carvalho du 16 août 1888).

yait clairement que l'opinion publique s'était en cette circonstance manifestée ouvertement, hautement en faveur du général Légitime. — Voilà ce qui changea en furie le chagrin jusque là mal dissimulé des nouveaux *Normands*. Un coup d'Etat fut projeté, et les envahisseurs ayant pour mot d'ordre « *képi rouge,* » devaient, le samedi 29, s'emparer du Palais et de l'Arsenal. Les pseudo-soldats avaient déserté, mais il était resté 3.000 hommes sous les ordres des généraux Rosa, Bottex, Saint-Fleur Paul, etc.

C'était, malgré cette force, compter sans son hôte, comme on le dit vulgairement. Les soldats du Nord avaient tellement la certitude de se rendre maîtres de ces positions, que le **28** ils désarmaient nos soldats, lorsqu'ils les rencontraient et insultaient la Garde en disant : « Vous êtes des lâches ! avec un demi bataillon, nous entrerons au Palais du Gouvernement quand nous voudrons. » —

Et pour comble de provocation, le général Séide Thélémaque, mal conseillé par ses amis, monta à cheval dans l'après-midi du jour et, suivi de ses volontaires, fit bruyamment une tournée dans la ville. (1)

---

(1) J. B. Desroches. Réponse à l'entrevue de la Presse :

D. — Ne dit-on pas que pendant le cours de cette tournée, il y eut des provocations faites aux gens de la ville?

R. — C'est possible, car il y avait des gens de toute sorte à notre suite ; mais nous avons fait de notre mieux pour éviter cela . . . . .

D. — Est-il vrai que vous ayez dit, dans cette circonstance, au général Boisrond-Canal les paroles suivantes : *C'est à vous de maintenir l'ordre ici; car c'est vous qui avez tout à perdre : vos femmes, vos enfants, vos vieillards, vos propriétés. Nous autres n'avons à perdre que notre vie.*

R. — Oui, et je les ai dites à tout le monde; mais non dans le sens qu'on a voulu y donner . . . .

A leur rentrée au cantonnement, en face des troupes de Port-au-Prince qu'ils continuaient à insulter, la situation prit un tel caractère de gravité, qu'on s'attendait à chaque instant à voir les fusils partir d'eux-mêmes. Des deux côtés, on s'observait et chacun était résolu. Or, vers les 7 heures du soir, dès que le bruit d'une première détonation d'arme se fit entendre du côté du Panthéon, l'action s'engagea vivement entre les troupes du Nord et celles de la Garde.

On en connaît le résultat : «A 7 heures 1/2, dit le général Jean-
« Gilles, quand j'entendis les premières détonations, je m'habil-
« lai rapidement et courus chez le général. Nous fîmes ensemble
« une petite tournée, visitant les postes qui à ce moment-là échan-
« geaient des balles avec le Palais. Nous les visitâmes sous
« une pluie de projectiles. Revenus de notre inspection,
« le général voulut sortir encore et je le suivis. Mais à pei-
« ne eus-je paru devant la porte, que je reçus ma balle à la jam-
« be; je tombai sur le genou et fus porté dans la maison,
« tandis que le général s'avançait sur la Place-Pétion. On fit
« pour moi appeler le médecin de l'armée, qui arriva immédia-
« tement visiter ma blessure. Mais à peine eût-il le temps de
« me voir, car on l'appela pour notre général qui venait, lui
« aussi, de recevoir un biscaïen dans la poitrine. »

Les partisans évincés du général crièrent, dès lors, à l'assassinat.

Est-il besoin de prouver qu'un général tué au milieu de ses troupes combattant contre d'autres, n'a pas été assassiné, alors même que l'initiative de l'attaque fût partie de celles-ci ?

Pour tous ceux qui ont suivi les derniers événements d'Haïti ou qui ont lu les enquêtes faites après l'échauffourée de septembre 1888, il est évident que le combat engagé la nuit entre la garde du Palais et les soldats du Nord cantonnés en face, sur la Place Pétion, a été la conséquence inévitable des provocations de ces derniers après la tournée aussi intempestive qu'irritante effectuée dans l'après-midi par le général Séide Thélémaque.

Et comment peut-on raisonnablement rendre le général Légitime responsable *directement ou indirectement* de cette mort, lorsqu'il n'avait pas plus d'autorité que le général Séide Thélémaque, conseiller à la guerre, sur les troupes de la garde, corps indépendant relevant seulement d'un chef d'Etat.

La fatalité de cette lutte prouve, au contraire, que le chef de l'armée du Nord n'avait pas la sympathie de la population ni celle de l'armée.

Relativement à la nomination du général Légitime comme Chef du Pouvoir Exécutif,— ce qu'on qualifie d'usurpation--- il n'y a qu'à citer la formation du nouveau gouvernement du Nord pour réduire à néant les puérils arguments produits à ce propos par nos frères-ennemis. Si la nomination du général Légitime pouvait être illégale—alors qu'il n'existait ni loi ni Constitution—pourquoi les *nordistes*, au moyen d'un comité sans mandat régulier, ont-ils pu, en se réunissant, hier encore aux Gonaïves, au nombre de 17, nommer Mr F. HIPPOLYTEt président provisoire de la République ?

Cette nomination repose-t-elle sur une base constitutionnelle quelconque ? Et le pouvoir de Chef de l'Exécutif conféré au général Légitime avait-il un caractère plus définitif ?

Cependant, en vain disent-ils, cherche-t-on le prétexte pour justifier le fait de l'usurpation : « Quelles que soient les difficultés d'une situation, il n'est pas permis à une minorité de régenter la majorité de la nation, sous prétexte du alut public ou de la *défense Nationale.* »

Où était, où est encore la minorité des constituants voulant régenter la Nation? Elle est dans le Nord; on l'a séquestrée aux Gonaïves pour y former un comité réactionnaire, afin d'infirmer, de propos délibéré, par l'absence, par la dissidence, la majorité de l'Assemblée Constituante.

Les constituants n'avaient et ne pouvaient avoir d'autre mandat que celui de se réunir pour voter la constitution et élire le Chef de l'Etat.

En se réunissant aux Gonaïves, sont-ils restés dans leur rôle légal?

Les séparatistes du Nord, pour avoir la majorité parlementaire, comptaient sur les constituants de Jacmel et de Bainet. Les faits ont déjà prouvé que l'embarquement de ces derniers sur «*l'Haytian Republic*» constituait plutôt un rapt qu'une adhésion à la révolte. Ces constituants ont siégé à Port-au-Prince (1).

Ils prétendent en outre qu'ils ne sont pas des *rebelles*, parce que le général Salomon, observent-ils, ayant été renversé, « le Gouvernement provisoire qui ne représentait qu'un ordre de choses transitoire, s'est retiré devant la manifestation nationale et que le Gouvernement du général Légitime est un pouvoir précaire, illégal, qui n'a aucune autorité supérieure au Pouvoir révolutionnaire. »

Quel autre épithète peut mieux convenir aux nordistes?

Les villes du Cap, de Port-de-Paix et des Gonaïves, en protestant et en prenant les armes contre le Gouvernement provisoire, présidé par le général Boisrond Canal — Gouverne-

---

(1) Voir pièces y relatives

ment de fait — accepté par le pays, ne se sont-elles pas formellement mises en état de rébellion « contre le Conducteur de la société en le dépouillant de l'autorité suprême. »(1)

Ce gouvernement qui ne s'est point effacé par le fait de la protestation et de la rébellion du Nord, mais qui s'est seulement disloqué par suite de la trahison de ses membres séidistes; ce gouvernement qui devait être sans couleur et sans parti, s'est naturellement reconstitué, pour l'unité d'action, sous une forme plus réelle et d'après les principes mêmes qui, dans le Nord, avaient déjà fait du général Hippolyte, sorte de tambour-major d'une clique politique, le général en chef de la réaction.

Maintenant que les faits sont relatés dans leur ordre naturel et présentés en pleine lumière ; maintenant que chacun peut « pour n'être point induit en erreur » interroger, commenter ces faits et juger des circonstances dans lesquelles ils se sont produits, il n'est pas sans utilité d'en considérer l'ensemble et d'en faire connaître la hideuse physionomie.

Le Nord revendique l'honneur d'avoir fait tomber du pouvoir le général Salomon. « Le pays, dit l'auteur du mémoire, gémissait depuis neuf ans sous le joug de la plus odieuse et de la plus avilissante des tyrannies......
.. « C'était la désolation et la ruine. Les chambres, composées, en majeure partie, des créatures du tyran, acceptaient tout, adhéraient à tout : au lieu d'interpeller les ministres les législateurs leur prodiguaient un éternel encens, après avoir décoré le général Salomon du titre de « Père de la Patrie. »

« Une insurrection, qui coûta au pays autant d'or que de sang, fut vaincue en 1883. Lassé de lutte et de déceptions,

---

(1) Vattel cité par l'auteur du mémoire.

— 15 —

le peuple se laissa faire ; et un nouveau septennat fut accordé au despote, en 1886.»

Qui a plus secondé le général Salomon, durant ces neuf années, que ses amis du Nord ? Quand, en 1883, les villes de Miragoàne, de Jacmel, d'Aquin et de Jérémie se sont levées pour protester contre l'état de choses aujourd'hui condamné par les séparatistes, quelle attitude ont gardée à leur égard ceux-là qui, depuis le 5 août, s'intitulent les *libérateurs du pays* ? O mensonge !

La prise d'armes du Cap, c'est le coup de pied de l'âne, et l'histoire impartiale, malgré de nombreuses circonstances atténuantes, la classera au nombre des actes les plus mémorables de trahison ; car le général Séide Thélémaque, en tant qu'il représentait le gouvernement, n'avait pas le droit de se soulever et moins encore de se poser en successeur du général Salomon.

On a essayé dans le pamphlet du Cap d'établir une comparaison entre la conduite politique du général Légitime et celle de son infortuné concurrent.

Le général Légitime, pendant plus de trente années, a travaillé dans l'administration tant civile que militaire de son pays ; il n'y a jamais gagné fortune et n'a jamais bâti palais.

Le général Séide Thélémaque, lui, a commencé sa carrière politique en 1865. De capitaine adjudant-major du 30e de ligne, il fut fait général et devint chef d'état-major sous Salnave. (I) Relevé de disgrâce en 1875, le général milita de-

---

(I) Sous l'Empereur Soulouque, c. a. davant la révolution de 1859, le général Séide Thélémaque n'avait occupé et n'aurait pu occuper aucune fonction dans l'Etat, parce que son père est mort prisonnier politique sous ce regime. Alors comment peut-on affirmer que le général comptait 40 années de service?

puis comme chef d'arrondissement, et dans cette nouvelle carrière n'a parcouru d'autre cycle que celui des révolutions, ou plutôt il en a toujours été un instrument inconscient. Cependant ce général a prospéré et s'est enrichi finalement au moment où le pays dépensait son sang et son argent à Miragoâne.

Enfin, disons-le, le général Thélémaque qui a renversé le gouvernement de Lamothe-Hérissé pour favoriser l'avénement au pouvoir du général Salomon a, de 1879 au 5 août 1888, servi très-activement ce gouvernement; tandis que le général Légitime, pour avoir essayé de travailler sérieusement au relèvement de son pays, sous ce même gouvernement, fut obligé, par rapport à ses principes modérés, de se retirer du ministère, de vivre en reclus pendant 7 ans et pour comble d'épreuves, de gagner enfin l'exil.

Le général Légitime n'a pas pris, n'a jamais voulu prendre les armes pour renverser son prédécesseur et se mettre à sa place. Mais en citoyen qui connaît son droit et ses devoirs, il a critiqué convenablement, quand il le jugeait nécessaire, la mauvaise administration du général Salomon. C'est ainsi qu'il est devenu, malgré lui, chef d'un grand parti en opposition au parti que l'ex-président essayait d'organiser contre l'opinion. Le général Légitime, il faut le reconnaître, a su rester debout sur le théâtre politique; et pour se garer des perfides manœuvres de ses ennemis il comprit qu'il y avait à prendre des précautions.

Les nordistes ne réfléchissent donc pas lorsqu'ils osent accuser celui-ci d'ambition et vanter les avantages imaginaires de leur héros?

Après la mort du prétendu chef de la révolution, ou plutôt à l'arrivée de cette accablante nouvelle au Cap, un cri de colère et d'indignation parcourut, dit-on, tous les rangs et enflamma tous les esprits dans cette ville du Nord. Cela se conçoit à certains points de vue; mais cette émotion, bien s'en faut, ne provient pas du patriotisme ni de la morale outragée

Un fait historique d'une importance plus réelle que le fait incriminé peut, si l'on nous permet de le rappeler, en convaincre facilement le lecteur.

Le 15 avril 1882, l'ex-président Salomon s'embarque sur le " Tour du Monde " et arrive deux jours après au Cap où un *frisson de colère* semblait agiter la population. Il fut accueilli sur le quai par le magistrat communal, Monsieur Stuart, qui lui déclara publiquement que " la partie saine de la ville « était favorable à son gouvernement. » —Il y a donc une partie malsaine, répliqua le général Salomon? Il faut me la désigner, etc.

Deux jours plus tard, l'ex-président monta sur l'autel de la Patrie, et là tonna contre la *capitale* du Nord ces menaces restées célèbres dans les annales d'Haïti:

« La ville du Cap veut former un Etat dans un Etat. Je ne le souffrirai pas.

«Je ne le permettrai pas. Loin de moi la pensée d'accuser tous les habitants du Cap. Non, je sais séparer le bon grain de l'ivraie. Je rends justice pleine et entière à *la partie saine* de la population.

« Mes amis, je suis venu cette fois pour briser toutes les cornes, pour châtier tous les factieux, — ces hommes-là qui imposent tant de sacrifices au trésor public . . . .
. . . .

«Les propagandes qui se font ici ont ébranlé le crédit et jeté le désarroi dans le commerce que je sais très-attaché à mon gouvernement, parce qu'il est persuadé que je suis un honnête homme.

«Je dis malheur au Cap, s'il part ici un seul coup de fusil. — Ce coup de fusil serait le signal du massacre et de l'incendie et j'ajouterai, car je vous dois la vérité, mes amis, ce serait le signal du pillage................

«Le Cap est un point noir pour la République. Le Cap est un obstacle à sa marche en avant..............
....

«Je me dis fort, Messieurs, parce que je me sais appuyé par vous, parce que je sais que je puis compter sur les vaillantes épées de vous tous, mes lieutenants qui m'entourez, de vous tous mes commandants d'arrondissement ; parce que je me sens appuyé par les bayonnettes de l'armée et l'amour de mes concitoyens.» . . . .
. . . .

Le peuple massé sur la place d'armes du Cap écouta en silence ces formidables paroles. Pas le moindre geste, pas le plus léger tressaillement ne se produisit pour révéler la présence d'un citoyen offensé. Loin de là, tous gagnèrent paisiblement leurs foyers et des patrouilles de soldats composées de ceux-là mêmes qui se passionnent pour les rebelles, parcouraient la ville et, le 1er mai, fouillaient les maisons considérées comme malsaines : l'ange de la dénonciation les avait comme désignées la veille d'une marque rouge.

Or, la partie saine de la ville du Cap était donc en parfait accord de sentiment avec celui dont elle condamne aujourd'hui le despotisme.

Et pourquoi maintenant veut-on en imposer et faire du zèle patriotique en face d'un cadavre dont tout le monde, et le général Légitime en particulier, déplore l'infortune.

Nos adversaires n'ont donc pas raison de parler de colère et d'indignation surtout lorsque, instruits ou mis au courant de ce qui s'est passé dans la nuit du 28 au 29 septembre, ils sont assurément convaincus que leur général en chef n'a été ni attaqué ni assassiné. (1)

Cependant c'est Port-au-Prince qu'ils maudissent, c'est le général Légitime qu'ils veulent rendre responsable du sang versé. Dans leur folle exaltation, ils s'arment en guerre pour venir se venger et demander compte de la mort de Dessalines, de Riché et de Salnave. Ces Catons que l'idée d'un assassinat met si facilement en révolte, ont-ils déjà oublié François Capoix et Léon Montas ? Qu'ils interrogent Laferrière, la prison du Cap et les fossés de Limonade ? Le crime y a été commis froidement et sans provocation.

L'ancien dominateur du Nord, Henri Christophe, que l'on surnomme le tyran, avait pensé de même à l'égard de Por-au-Prince : il l'appelait pour cette raison Port-aux-Crimes, quoique, deux jours auparavant, il eût avec son armée applaudi à la mort de l'empereur. Vouant cette ville à la vengeance de ses soldats : Allez, leur dit-il, « *Les factieux ont levé l'étendard de la révolte : il est juste qu'ils payent de leur fortune leurs complots funestes. Le pillage de tous les lieux ou les rebelles seront trouvés vous est abandonné sans restriction.*

Or, ces criminelles algarades sont malheureusement de tradition dans le Nord ; nul, paraît-il, ne peut se débarrasser de leurs perfides influences, pas même les généraux Nord Alexis et Mompoint, hier encore terrassés et battus par des Capois, puis conduits, sous escorte, dans les rues même du Cap.

Ils ont juré de faire le sac de Port-au-Prince et de s'y vautrer

---

(1) J. B. Desroches. Réponse à l'entrevue de la Presse :
Non, il ne saurait exister aucun assassinat; car il a été blessé pendant le combat à la tête de ses soldats. On n'assassine point un général au milieu de ses troupes aussi aisément que cela. Le nôtre s'est défendu et a été atteint pendant la lutte.

dans le sang ! Cependant, le Port-au-Prince, c'est la ville de tous ; amis et ennemis se sont lavés dans les eaux de ses fontaines appelées par quelques-uns FONTAINES-A-JÉZIR.

Franchement, on ne peut se rappeler ces choses sans être froissé soi-même, si l'on est homme de cœur : un vrai *frisson de colère* et d'indignation vous parcourt tous les membres.

Oui, elle est fausse l'accusation portée contre nous d'être assassins et usurpateurs. Les nordistes ne sont pas sincères lorsqu'ils disent qu'ils sont moralement et matériellement la majorité. La logique, de même que la géographie et la statistique, les condamne.

Nous concluons donc que la rébellion du Cap est un acte insensé ; qu'elle ne repose sur aucun grief plausible : c'est plutôt une querelle d'allemand que repousse tout esprit sérieux. Elle ne serait pas possible si la société était plus stable, le citoyen plus indépendant et mieux éclairé sur ses droits et ses devoirs.

La cause que défendent les populations de l'Ouest et du Sud est juste, parce qu'elle repose sur la vérité et le droit. Elle repose aussi sur la force puisée dans la conviction intime et dans la communauté de sentiments qui ont toujours maintenu l'alliance entre l'Ouest et le Sud d'Haïti.

Et comme force matérielle, il est établi historiquement que l'Ouest et le Sud unis ou agissant séparément ont résisté aux armées de Christophe et autres, lorsque la cause de la guerre civile n'était plus une question de caste comme en 1800.

Bien plus, ces deux départements en adoptant une politique sage et modérée comme l'avait été celle d'Alexandre Pétion, ont fait de 1820 à 1826 *l'unité territoriale d'Haïti*. En suivant aujourd'hui la même ligne politique, mais avec plus de fermeté dans l'action --- les circonstances n'étant pas tout à fait les mêmes---ils arriveront ensemble, malgré les intrigues, les propagandes suscitées par la coalition d'intérêts mesquins, à réaliser la pensée qui aujourd'hui domine les esprits : L'UNITÉ NATIONALE D'HAITI.

APPENDICE

(Dernière heure.)

Les idées développées dans cet opuscule se trouvent confirmées par la soumission successive de villes importantes du Nord au moment où nous mettons sous presse.

Ainsi, la Grande-Saline, située à l'embouchure du fleuve « l'Artibonite », entre Saint-Marc et Gonaïves ; la commune de Marmelade jusqu'à Ennery ; le poste de Pignon ; les communes de Hinche, de Saint-Michel de l'Attalaye, de Vallière et de Sainte-Suzanne sont en la possession du Gouvernement de la République.

La superficie totale des lieux soumis au Gouvernement se compose de l'arrondissement de la Marmelade, d'une partie de l'arrondissement de Saint-Marc et de la majeure partie de celui du Trou.

www.ingramcontent.com/pod-product-compliance
Lightning Source LLC
Chambersburg PA
CBHW070539050426
42451CB00013B/3095